Oma

erzähl mir
von deinem

Leben

Veröffentlicht von Midsummer Bloom Books
1621 Central Ave, Cheyenne, WY 82001, Vereinigte Staaten

Erste Ausgabe: Juni 2025
Gedruckt in den Vereinigten Staaten von Amerika

Inhaltsverzeichnis

Deine Geschichte beginnt hier   4

Vergangene Tage   7

Flügel wachsen   19

Der erste Flug   31

Herz trifft Herz   43

Liebevolle Hände   53

Das Leben in voller Blüte   63

Omas Krone   69

Herzensfreuden   75

Weisheit und Träume   87

Deine Geschichte beginnt hier

Kennst du diesen besonderen Moment, wenn deine Enkelkinder sich um dich versammeln, ihre Augen voller Staunen? Vielleicht passiert es in deiner Küche, während du ihnen zeigst, wie man diese Kekse macht, die nur du perfekt hinkriegst. Oder wenn sie ein altes Foto entdecken, das dir ein Lächeln ins Gesicht zaubert. Diese kostbaren Augenblicke, in denen sie erkennen, dass Oma nicht immer nur Oma war – das ist pure Magie.

Das Besondere an diesem Buch ist, dass es nicht einfach nur Papier und Einband ist. Es ist eine Schatztruhe für all die Erinnerungen, die du mit dir trägst: wie das Leben war, als du jung warst, die Traditionen, die dir deine Mutter beigebracht hat und die du weitergegeben hast, und die Veränderungen, die du erlebt hast, während sich die Welt um dich herum gewandelt hat. Geschichten darüber, wie es war, in einer Zeit aufzuwachsen, als Familien abends gemeinsam vor dem Fernseher saßen, Telefongespräche über Wandtelefone in der Küche geführt wurden und Nachbarschaftsfeste die Highlights des Sommers waren.

Natürlich kennen sie dich als Oma – diejenige, die die besten Feiertagsessen zaubert, die immer Zeit für eine weitere Geschichte hat und die wärmsten Umarmungen schenkt. Aber du hast so bemerkenswerte Zeiten erlebt! Vom Sammeln von Zeitungscoupons bis hin zum Online-Shopping, von Telefonleitungen, die sich mehrere Haushalte teilten, bis zu Videotelefonaten – du hast die Welt sich auf eine Art verändern sehen, die für deine Enkelkinder fast magisch erscheint.

Schreib alles hier auf – deine Kindheitsabenteuer, deinen

ersten Tanz, wie du Opa kennengelernt hast, wie du deine eigenen Kinder großgezogen hast und die Weisheit, die du auf deinem Weg gesammelt hast. Mach dir keine Sorgen um schöne Handschrift oder korrekte Grammatik. Was zählt, ist das Herz hinter den Worten.

Nimm dir Zeit – es gibt keinen Grund zur Eile. Fülle diese Seiten mit den Erinnerungen, die dich geformt haben, den Lektionen, die dir das Leben beigebracht hat, den Liebesgeschichten und den schweren Zeiten, die dich stark gemacht haben. Denn eines Tages, wenn sie älter sind, werden deine Enkelkinder hier mehr finden als nur Geschichten – sie werden ihre Wurzeln finden.

Also, was meinst du, Oma? Bereit, deine Reise zu teilen? Das Vermächtnis deiner Familie wartet darauf, aufgeschrieben zu werden, und deine Enkelkinder können es kaum erwarten, mehr über die außergewöhnliche Frau hinter ihrer geliebten Großmutter zu erfahren.

Wie du dieses Buch benutzt

Das ist deine Geschichte – es gibt keinen Zeitplan, dem du folgen musst, und keine Regeln, die du einhalten musst. Wähle einfach eine Frage, die eine Erinnerung weckt, und fang an zu schreiben. Überspringe Fragen, komm später zurück oder verweil bei den Momenten, die dir am wichtigsten sind.

Denk daran, diese Fragen sind nur Türen zu deinen Erinnerungen. Deine Antworten könnten dich auf unerwartete Wege führen, und das ist vollkommen in Ordnung. Dieses Buch geht nicht um perfektes Schreiben – es geht darum, deine einzigartige Reise in deiner eigenen Stimme festzuhalten.

In deiner Küche, wo Erinnerungen blühen,

In deinen Geschichten, die jeden Raum erhellen,

Durch die Weisheit in deinem sanften Lächeln,

Fließen Erzählungen, die sich über Meilen
erstrecken.

Vom jungen Mädchen zur starken, freien Frau,

Zur Mutter und nun die Hüterin unseres
Stammbaums bist du.

Teile mit uns, liebe Oma, deine kostbare
Vergangenheit,

Mach diese wertvollen Erinnerungen
unvergänglich und bewahrt.

1

Vergangene Tage

Oma, erzähl uns, wie es war, als du klein warst!
Wie war es, ohne all unsere Geräte und Spiele
aufzuwachsen? Wir möchten von deinen Abenteuern in
einer Welt hören, die so anders war als unsere.

Kindheit zu Hause

Deine frühesten Erinnerungen haben sich in den Wänden deines Elternhauses geformt. Welche Orte und Räume haben dein erstes Gefühl von „Zuhause" geprägt, und welche Ecken dieser Welt leben noch lebendig in deiner Erinnerung?

1. Wie sah dein Elternhaus aus, und an welche Räume erinnerst du dich besonders deutlich?

2. Welche Geräusche oder Gerüche verbindest du mit deinem Elternhaus?

3. Wie waren die Schlaf- und Wohnbereiche angeordnet?

Familienporträts

Bevor du unsere Oma wurdest, warst du ein kleines Mädchen mit deiner eigenen Familie. Wer waren die wichtigen Menschen in deiner Kindheit, und wie haben sie dazu beigetragen, die erstaunliche Person zu formen, die du geworden bist?

1.Wer waren die wichtigsten Mitglieder deiner Familie, als du ein Kind warst?

2.Wie waren deine Eltern, und was haben sie beruflich oder zu Hause gemacht?

3.Welche älteren Familienmitglieder (Großeltern, Tanten, Onkel) hatten den stärksten Einfluss auf deine Kindheit?

Ein Tag in deinem Leben

Wir können uns deinen Tagesablauf als Kind kaum vorstellen! Wie sah ein typischer Tag von morgens bis abends aus? Erzähl uns von deinen Aufgaben und wie sich dein Zeitplan von unserem unterscheidet.

1.Wie sah ein typischer Wochentag in deiner Kindheit aus?

2.Welche Aufgaben oder Pflichten hattest du regelmäßig zu erledigen?

3.Wie unterschieden sich die Wochentage von den Wochenenden?

Kinderspiele

Oma, was hast du gemacht, um Spaß zu haben, bevor es Videospiele und Tablets gab? Welche Spiele und Spielsachen haben deine Tage gefüllt, und welche waren deine absoluten Favoriten?

1.Welche Spiele hast du als Kind am liebsten gespielt?

2.Welche Spielzeuge hattest du, und welche waren dir besonders wichtig?

3.Wie hast du mit deinen Freunden draußen gespielt?

Schulerinnerungen

Deine Schulzeit muss so anders gewesen sein als unsere! Erzähl uns von deinem Klassenzimmer, deinen Lehrern und wie es war, in deinem Alter in die Schule zu gehen.

1. Wie sah dein Schulgebäude aus, und wie waren die Klassenräume eingerichtet?

2. Welche Schulsachen hast du benutzt, und was war in deiner Schultasche?

3. Was passierte, wenn Kinder in der Schule unartig waren?

Familienmahlzeiten

Mahlzeiten bringen Familien über Generationen hinweg zusammen. Wie war es, in deinem Elternhaus zu Abend zu essen? Wir würden gerne von Lieblingsgerichten und besonderen Speisen hören, die bei euch auf den Tisch kamen.

1.Welche Gerichte wurden bei euch zu Hause oft serviert, und wer hat die Mahlzeiten zubereitet?

2.Welche Tischregeln gab es in deiner Familie?

3.Welche Küchengeräte oder Kochmethoden wurden verwendet, um das Essen zuzubereiten?

Jahreszeiten der Kindheit

Jede Jahreszeit brachte ihre eigenen besonderen Aktivitäten und Gefühle mit. Wie hat sich dein Leben im Laufe des Jahres verändert, wenn sich die Jahreszeiten wechselten? Auf welche Zeit des Jahres hast du dich am meisten gefreut?

1.Wie haben sich deine täglichen Aktivitäten von einer Jahreszeit zur anderen verändert?

2.Welche saisonalen Speisen, Aufgaben oder Traditionen haben die verschiedenen Zeiten des Jahres geprägt?

3.Welche Jahreszeit hast du am meisten herbeigesehnt, und warum war sie so besonders?

Vor der Technologie

Es ist schwer für uns, sich ein Leben ohne unsere Geräte vorzustellen! Wie haben die Menschen kommuniziert, gearbeitet und Spaß gehabt, als du aufgewachsen bist – ganz ohne die Technologie, die wir heute haben?

1.Welches moderne Gerät oder welche Haushaltsmaschine hattet ihr als erstes in eurer Familie?

2.Wie haben die Menschen mit Freunden und Familie kommuniziert, die weit entfernt lebten?

3.Wie hat deine Familie vor der modernen Technologie Nachrichten und Unterhaltung bekommen?

Nachbarschaft

Nachbarn waren früher wie eine erweiterte Familie. Erzähl uns von deiner Nachbarschaft und den Menschen, die um dich herum gelebt haben. Wer hat deine Gemeinschaft besonders gemacht?

1. Wie gut kanntet ihr eure Nachbarn, und wie habt ihr miteinander interagiert?

2. Wo haben sich die Menschen in deiner Nachbarschaft getroffen?

3. Wer waren die unvergesslichen Menschen in deiner Nachbarschaft?

Kindheitsabenteuer

Jedes Kind hat geheime Abenteuer! Welche Erkundungen und Entdeckungen hast du gemacht, die aufregend oder vielleicht sogar ein bisschen verboten waren? Wir möchten von deinen mutigsten Kindheitsmomenten hören!

1.Welche Orte hast du als Kind erkundet, die aufregend oder verboten wirkten?

2.Was war das abenteuerlichste, das du in deiner Kindheit gemacht hast?

3.Welche Naturgebiete, geheimen Verstecke oder interessanten Orte hast du in der Nähe deines Zuhauses entdeckt?

Besondere Feiern

Feiertage und Feste schaffen die hellsten Kindheitserinnerungen. Welche besonderen Tage hat deine Familie gefeiert, und welche Traditionen haben sie magisch gemacht?

1.Welche Feiertage waren in deiner Familie besonders wichtig, und wie habt ihr sie gefeiert?

2.Welche Geburtstags- oder anderen besonderen Anlässe habt ihr in eurer Familie gefeiert?

3.Welche Speisen, Dekorationen oder Aktivitäten gehörten zu euren Feierlichkeiten?

2

Flügel wachsen

Wie war es, ein Teenager zu sein, Oma? Wir sind neugierig auf deinen ersten Schwarm, Schulbälle und wie du herausgefunden hast, wer du sein wolltest, wenn keine Erwachsenen zusahen.

Teenager-Mode

Oma, was war der coole Look, als du ein Teenager warst? Erzähl uns von den Klamotten, Frisuren und Must-Have-Accessoires, die in deiner Zeit angesagt waren – wir wollen uns dich als stylischen Teenie vorstellen!

1.Welche Kleidungsstile waren beliebt, als du ein Teenager warst?

2.Wie hast du deine Haare gestylt, und welche Beauty-Routinen hatten Mädchen damals?

3.Welche Dinge oder Accessoires waren in deinen Teenagerjahren ein absolutes Muss?

Freundeskreise

Die Freunde, die wir als Teenager haben, prägen oft, wer wir werden. Wer waren deine engsten Freundinnen und Freunde in deiner Teenagerzeit, und was habt ihr zusammen gemacht, um Spaß zu haben?

1. Wer waren deine engsten Freunde während deiner Teenagerzeit?

2. Wo und wie haben sich Teenager zu deiner Zeit typischerweise getroffen?

3. Welche Aktivitäten habt ihr gemeinsam unternommen?

Schultage

Die High School war nicht nur zum Lernen da – sie war eine eigene kleine Welt! Wie war deine Schule, von Klassenzimmererlebnissen bis zu sozialen Gruppen und den Veranstaltungen, auf die sich alle freuten?

1.Wie war deine High School, und wie war sie organisiert?

2.Welche Schulaktivitäten, Clubs oder Sportarten waren zu deiner Zeit beliebt?

3.Auf welche Schultraditionen oder Veranstaltungen haben sich die Schüler jedes Jahr gefreut?

Wachsende Unabhängigkeit

Die Teenagerjahre bringen aufregende neue Freiheiten mit sich. Welche neuen Privilegien hast du bekommen, als du älter wurdest, und welche Abenteuer hast du erlebt, als du das erste Mal allein unterwegs warst?

1.Wann durftest du das erste Mal ohne Aufsicht von Erwachsenen ausgehen, und wohin bist du gegangen?

2.Wie hast du dein eigenes Geld verdient, und wofür hast du es ausgegeben?

3.Welche Verantwortungen kamen mit deiner wachsenden Unabhängigkeit?

Freizeitspaß

Zwischen Schule und Pflichten brauchen Teenager Zeit, einfach sie selbst zu sein. Welche Hobbys und Aktivitäten hast du in deiner Freizeit genossen, und wie haben sie dich geprägt?

1.Welche Hobbys oder Freizeitaktivitäten hast du als Teenager gerne gemacht?

2.Welche Bücher, Zeitschriften oder anderen Lesematerialien waren bei deinen Freunden beliebt?

3.Welche Outdoor-Aktivitäten oder Sportarten hast du in deinen Teenagerjahren betrieben?

Musikerinnerungen

Jede Generation hat ihren eigenen Soundtrack. Welche Lieder und Künstler haben deine Teenagerzeit geprägt, und wie hast du deine Lieblingsmusik gehört – vor Streaming und Downloads?

1. Welche Musik war beliebt, als du ein Teenager warst?

2. Wie hast du Musik gehört, und wie hast du neue Lieder oder Künstler entdeckt?

3. Welche Musiker oder Lieder waren dir besonders wichtig?

Momente des Erwachsenwerdens

Bestimmte Erfahrungen markieren unseren Weg ins Erwachsenenleben. Welche Momente oder Ereignisse haben dir das Gefühl gegeben, wirklich erwachsen zu werden und deinen eigenen Weg zu finden?

1.Welche Ereignisse oder Erfahrungen haben dir gezeigt, dass du erwachsen wirst?

2.Welche wichtigen Entscheidungen hast du in deinen Teenagerjahren selbstständig getroffen?

3.Welche Verantwortungen oder Herausforderungen haben dir geholfen, in dieser Zeit reifer zu werden?

Träume für die Zukunft

Als Teenager stellen wir uns alle unser zukünftiges Leben vor. Welche Träume und Pläne hattest du für dein Leben, als du jung warst? Was für eine Person wolltest du werden?

1. Welche Karriere- oder Lebensziele hattest du als Teenager?

2. Welche Schritte hast du in deinen Teenagerjahren unternommen, um deine Ziele zu erreichen?

3. Welche Erwachsenen oder Mentoren haben dein Denken über deine Zukunft beeinflusst?

Teenager-Trends

Jede Generation hat ihre eigenen Trends, die damals total wichtig schienen! Welche Moden, Slangwörter oder beliebten Aktivitäten waren in deiner Teenagerzeit angesagt?

1.Welche Trends oder Moden haben deine Teenagerjahre geprägt?

2.Welche Slangbegriffe oder Ausdrücke waren bei den Teenagern deiner Generation beliebt?

3.Welche Filme, TV-Sendungen oder andere Unterhaltungsformen haben Teenager damals begeistert verfolgt?

Dich selbst finden

Die Teenagerjahre sind die Zeit, in der wir beginnen, herauszufinden, wer wir wirklich sind. Wie hast du angefangen, deine eigenen Werte und Perspektiven zu entwickeln, die sich von dem unterschieden, was dir beigebracht wurde?

1.Welche Überzeugungen oder Werte hast du als Teenager selbstständig entwickelt?

2.Welche Erfahrungen haben die Werte, mit denen du aufgewachsen bist, in Frage gestellt?

3.Welche persönlichen Stärken oder Talente hast du in deinen Teenagerjahren entdeckt?

Meilensteine der Teenagerzeit

Bestimmte Errungenschaften markieren unseren Fortschritt während der Teenagerjahre. Welche Erfolge oder „ersten Male" aus deinen Teenagerjahren bleiben dir als besonders bedeutsam oder erinnerungswürdig im Gedächtnis?

1. Auf welche akademischen oder außerschulischen Erfolge warst du als Teenager am meisten stolz?

2. Welche „ersten Male" erinnerst du noch klar aus deinen Teenagerjahren?

3. Was waren die größten Momente deiner Teenagerzeit?

3

Der erste Flug

Oma, wie war es, als du das erste Mal von zu Hause weggegangen bist? Wir möchten alles über deine Abenteuer hören, bevor du unsere Familie gegründet hast – die Orte, die du besucht hast, und die Träume, die du verfolgt hast.

Das Nest verlassen

Die ersten Schritte in ein unabhängiges Leben sind ein echter Wendepunkt. Erzähl uns von dem Moment, als du das erste Mal auf eigenen Beinen standest – von der Aufregung, den Herausforderungen und diesem neuen Gefühl von Freiheit.

1. Wie und wann hast du zum ersten Mal das Elternhaus verlassen?

2. Was hat dich am meisten überrascht, als du das erste Mal unabhängig gelebt hast?

3. Welche Haushaltsfähigkeiten hattest du schon oder musstest du schnell lernen?

Erste Jobs

Diese ersten Arbeitserfahrungen lehren uns so viel über uns selbst. Wie war dein erster richtiger Job, und wie hat er dein Verständnis der Arbeitswelt geprägt?

1. Was war dein erster richtiger Job, und wie hast du ihn bekommen?

2. Welche Fähigkeiten oder Schulungen hast du für deine erste Arbeit gebraucht?

3. Wie sah ein typischer Arbeitstag in deiner ersten Stelle aus?

Dein erstes Zuhause

Nichts ist vergleichbar mit dem Gefühl, zum ersten Mal einen eige-nen Raum zu haben. Wie war deine erste Wohnung oder dein erstes Zuhause, und wie hast du es dir zu eigen gemacht?

1. Wie sah deine erste eigene Wohnung oder dein erstes Zuhause aus?

2. Wie hast du deinen ersten Wohnraum eingerichtet oder dekoriert?

3. Wer waren deine Nachbarn oder Mitbewohner, falls du welche hattest?

Den Umgang mit Geld lernen

Mit seinen eigenen Finanzen umzugehen, gehört zu den größten Lektionen des Erwachsenseins. Wie hast du dein Geld verwaltet, als du das erste Mal alleine gelebt hast, und mit welchen finanziellen Realitäten wurdest du konfrontiert?

1.Wie bist du mit deinem Geld umgegangen, als du zum ersten Mal unabhängig gelebt hast?

2.Für welche Dinge oder Erlebnisse hast du gespart?

3.Mit welchen finanziellen Herausforderungen wurdest du in deinen frühen Erwachsenenjahren konfrontiert?

Lebensfähigkeiten aufbauen

Die jungen Erwachsenenjahre sind die Zeit, in der wir viele praktische Fähigkeiten entwickeln, die uns ein Leben lang dienen. Welche wichtigen Fähigkeiten hast du in diesen Jahren gelernt, die sich als besonders wertvoll erwiesen haben?

1. Welche wichtigen Fähigkeiten hast du in deinen frühen Erwachsenenjahren entwickelt?

2. Wie hast du diese Fähigkeiten gelernt?

3. Was hättest du gerne schon früher gelernt?

Neue Orte entdecken

Die jungen Erwachsenenjahre bringen oft Gelegenheiten, mehr von der Welt zu sehen. Welche Orte hast du in dieser Zeit erkundet, und wie haben diese Erfahrungen dich verändert?

1.Welche Orte hast du in deinen frühen Erwachsenenjahren bereist oder erkundet?

2.Was hat dich in dieser Zeit zu deinen Reisen oder Umzügen bewegt?

3.Welche Entdeckungen oder Erfahrungen aus deinen Reisen hatten einen bleibenden Einfluss?

Erwachsenenfreundschaften

Freundschaften verändern sich oft, wenn wir unser Erwachsenenleben aufbauen. Wie haben sich deine sozialen Kreise in deinen ersten Jahren der Unabhängigkeit entwickelt, und wer wurde in dieser Zeit wichtig für dich?

1.Wie haben sich deine Freundschaften verändert, als du erwachsen wurdest?

2.Wo und wie hast du in dieser Zeit neue Freunde kennengelernt?

3.Welche Aktivitäten oder Interessen haben dich mit anderen verbunden?

Deinen Weg finden

Eine sinnvolle Arbeit und einen Lebenszweck zu finden, gehört zu den größten Aufgaben im Leben. Wie hast du in diesen prägenden Jahren herausgefunden, was du mit deinem Leben machen möchtest?

1. Wie hast du herausgefunden, welche Arbeit oder Aktivitäten dir ein Gefühl von Sinn geben?

2. Welche Ziele oder Ambitionen haben deine Entscheidungen in dieser Zeit geleitet?

3. Was wurde von Frauen damals erwartet, und wie hast du dich dabei gefühlt?

Herausforderungen meistern

Frühe Unabhängigkeit bringt unvermeidlich Hindernisse mit sich, die es zu überwinden gilt. Mit welchen großen Herausforderungen wurdest du als junger Erwachsener konfrontiert, und wie hast du deinen Weg durch sie gefunden?

1.Mit welchen Schwierigkeiten hast du in deinen frühen Erwachsenenjahren zu kämpfen gehabt?

2.Wie hast du diese Herausforderungen bewältigt oder dich an sie angepasst?

3.Welche Ressourcen oder Unterstützungssysteme haben dir in schwierigen Zeiten geholfen?

Wichtige Einflüsse

Bestimmte Menschen helfen uns, unseren Weg zu finden. Wer waren die Mentoren oder einflussreichen Personen in deinen frühen Erwachsenenjahren, und welche Weisheit haben sie mit dir geteilt?

1.Wer waren die einflussreichsten Menschen in deinen frühen Erwachsenenjahren?

2.Welche Ratschläge oder praktische Hilfe haben dir diese Mentoren gegeben?

3.Wie hast du Menschen getroffen, die dir geholfen haben, deinen Weg zu finden?

Lebensverändernde Entscheidungen

Wenn wir zurückblicken, können wir oft die Entscheidungen erkennen, die alles, was danach kam, geprägt haben. Welche wichtigen Entscheidungen hast du in deinen frühen Erwachsenenjahren getroffen, die den Verlauf deines Lebens bestimmt haben?

1.Welche wichtigen Entscheidungen hast du in deinen frühen Erwachsenenjahren getroffen?

2.Wie hast du damals große Entscheidungen getroffen?

3.Welche anderen Wege hast du in Betracht gezogen?

4

Herz trifft Herz

Wie hast du Opa kennengelernt? Wir lieben es, eure Liebesgeschichte zu hören – von eurem allerersten Treffen bis zu dem Moment, in dem ihr beschlossen habt, ein gemeinsames Leben aufzubauen. Erzähl uns, was dein Herz höherschlagen ließ!

Das erste Treffen

Jede Liebesgeschichte hat dieses besondere erste Kapitel. Wann habt ihr euch das erste Mal getroffen, und was erinnerst du an den Moment, als du die Person getroffen hast, die so wichtig in deinem Leben werden sollte?

1. Wo und wann hast du Opa zum ersten Mal getroffen?

2. Wer hat euch einander vorgestellt, oder wie haben sich eure Wege gekreuzt?

3. Was war dein erster Eindruck von ihm?

Die Zeit des Datings

Bevor die Hochzeitsglocken läuteten und ihr denselben Nachnamen hattet, gab es diese magische Zeit, in der ihr euch kennengelernt habt. Wie waren eure Dates damals, und wie hat sich die Romantik in diesen Tagen entwickelt?

1.Wie sahen eure typischen Verabredungen während eurer Kennenlernzeit aus?

2.Wie habt ihr zwischen euren Treffen miteinander kommuniziert?

3.Welche Aktivitäten oder Orte habt ihr während eurer Dating-Zeit besonders genossen?

Für immer wählen

Es gibt einen Moment, in dem aus Freundschaft etwas wird, das für ein ganzes Leben hält. Wann wusstest du, dass Opa derjenige ist, mit dem du dein Leben teilen möchtest?

1.Wie lange habt ihr euch gedatet, bevor ihr entschieden habt zu heiraten?

2.Woran hast du erkannt, dass Opa die Person ist, mit der du dein Leben verbringen möchtest?

3.Gab es einen offiziellen Heiratsantrag, und falls ja, wie ist er passiert?

Hochzeitsmomente

Euer Hochzeitstag markierte den offiziellen Beginn eures gemein-
samen Lebens. Wie war dieser besondere Tag – von deinem Kleid
über die Feier bis zu den Momenten, die vielleicht nicht ganz nach
Plan liefen?

1. Wann und wo fand eure Hochzeit statt?

2. Wie sah dein Hochzeitskleid aus, und wie hast du es ausgewählt?

3. Welche unvergesslichen Momente oder Pannen gab es an eurem Hochzeitstag?

Frisch verheiratet

Die ersten Tage der Ehe bringen sowohl Freude als auch kleine An-passungen, wenn zwei Leben zusammenkommen. Was bleibt dir besonders aus euren frühen Tagen als frisch verheiratetes Paar in Er-innerung, und wie hat sich euer Leben nach der Hochzeit verändert?

1.Wo habt ihr gelebt, als ihr frisch verheiratet wart?

2.Wie haben sich eure täglichen Routinen nach der Hochzeit verändert?

3.Welche Aktivitäten oder Interessen habt ihr als frisch verheiratetes Paar geteilt?

Euer erstes gemeinsames Zuhause

Ein gemeinsamer Raum zu schaffen, ist Teil des Aufbaus eines Lebens zusammen. Erzähl uns von eurem ersten Zuhause – wie es war und wie ihr daraus euer Zuhause gemacht habt.

1. Wie sah euer erstes gemeinsames Zuhause aus?

2. Wie habt ihr euer erstes Zuhause eingerichtet und dekoriert?

3. Wie habt ihr die Haushaltsaufgaben untereinander aufgeteilt?

Partnerschaft lernen

Die Ehe lehrt uns, wie wir unser Leben wirklich mit einer anderen Person teilen können. Welche wichtigen Lektionen hast du in den frühen Jahren eurer Ehe über Kommunikation, Kompromisse und den Aufbau einer starken Partnerschaft gelernt?

1. Welche wichtigen Lektionen hast du in den frühen Jahren eurer Ehe gelernt?

2. Wie seid ihr mit Meinungsverschiedenheiten oder unterschiedlichen Ansichten umgegangen?

3. Worin wart ihr beide in eurer Ehe besonders gut?

Besondere Traditionen

Die kleinen Rituale, die Paare zusammen schaffen, werden oft zum Herzschlag einer Beziehung. Welche Traditionen oder regelmäßigen Gewohnheiten haben euch geholfen, eure Verbindung über die Jahre hinweg zu stärken?

1.Welche besonderen Traditionen oder Feiern habt ihr zusammen etabliert?

2.Wie habt ihr Jubiläen oder andere bedeutungsvolle Anlässe begangen?

3.Welche regelmäßigen Aktivitäten oder Routinen haben euch als Paar verbunden gehalten?

Gemeinsam Stürme überstehen

Jede Ehe steht vor Herausforderungen, die ihre Stärke auf die Probe stellen. Welche schwierigen Zeiten habt ihr gemeinsam gemeistert, und wie habt ihr euch gegenseitig unterstützt, wenn das Leben hart wurde?

1.Welche großen Herausforderungen habt ihr zusammen erlebt?

2.Wie habt ihr euch gegenseitig in schwierigen Zeiten unterstützt?

3.Wer hat euch in schwierigen Zeiten geholfen?

5

Liebevolle Hände

Wie war es, Mama zu werden, Oma? Wir möchten deine Geschichten hören, wie es war, unsere Eltern großzuziehen, als sie so klein waren wie wir – die lustigen Momente, die schwierigen Zeiten und all eure besonderen Traditionen.

Mama werden

Der Moment, in dem dir ein Baby zum ersten Mal in die Arme gelegt wird, verändert alles für immer. Was hat dich am meisten überrascht, als du zum ersten Mal Mutter wurdest, und wie haben sich diese ersten Tage angefühlt, als du einen neuen kleinen Menschen in dein Leben aufgenommen hast?

1.Was hat dich am meisten überrascht, als du zum ersten Mal Mutter wurdest?

2.Wie hast du dich auf die Ankunft deines ersten Babys vorbereitet?

3.Welche Hilfe oder Unterstützung hattest du in den ersten Tagen der Mutterschaft?

Elternphilosophie

Jede Mutter entwickelt ihren eigenen Ansatz, Kinder großzuzie-hen. Welche Grundüberzeugungen haben deine Entscheidungen als Mutter geleitet, und wie wusstest du, welche Art von Mutter du sein wolltest?

1.Welche Grundüberzeugungen hattest du über das Großziehen von Kindern?

2.Welche Erziehungspraktiken hast du von deinen eigenen Eltern übernommen?

3.Wie haben die meisten Menschen damals ihre Kinder erzogen?

Tägliche Rhythmen

Das Familienleben schafft seine eigenen besonderen Routinen und Muster. Wie sahen typische Tage aus, als deine Kinder klein waren, und wie hast du das wunderschöne Chaos einer Familie gemanagt?

1.Wie sah ein typischer Wochentag aus, als deine Kinder klein waren?

2.Wie hast du die Haushaltsaufgaben bewältigt, während du dich um die Kinder gekümmert hast?

3.Welche Essensroutinen hatte eure Familie?

Ihnen beim Wachsen zusehen

Jeder Entwicklungsschritt ist wie ein kleines Wunder, das es zu feiern gilt. Welche unvergesslichen „ersten Male" erinnerst du aus der Kindheit deiner Kinder, und wie haben ihre einzigartigen Persönlichkeiten angefangen, durchzuscheinen?

1.Welche unvergesslichen ersten Male erinnerst du aus den frühen Jahren deiner Kinder?

2.Wie hast du die „ersten Male" und besonderen Momente deiner Kinder festgehalten?

3.Welche Erfolge deiner Kinder haben dich besonders stolz gemacht, während sie aufwuchsen?

Herausfordernde Momente

Nicht jeder Tag der Elternschaft ist perfekt. Mit welchen schwierigen Phasen oder Situationen warst du als Mutter konfrontiert, und wie hast du dich durch die härteren Zeiten hindurchgearbeitet?

1.Was waren einige der herausforderndsten Verhaltensweisen oder Phasen deiner Kinder?

2.Wie hast du Meinungsverschiedenheiten oder Konflikte zwischen Familienmitgliedern gelöst?

3.Welche Strategien haben dir in besonders schwierigen Momenten der Elternschaft geholfen?

Freude schaffen

Familien weben ihre eigene besondere Magie in den Alltag. Welche Traditionen, Feiern oder einfachen Freuden haben deiner Familie Glück gebracht und bleibende Erinnerungen geschaffen?

1.Welche einfachen Freuden oder Aktivitäten haben deiner Familie regelmäßig Freude gebracht?

2.Welche Traditionen oder Feiern hast du für deine Familie eingeführt?

3.Wie hast du gewöhnliche Tage für deine Kinder besonders gemacht?

Für ihre Gesundheit sorgen

Die Gesundheit der Kinder zu schützen, ist eine der wichtigsten Aufgaben von Eltern. Wie hast du alles von Schnupfen bis zu ernsteren Sorgen gemeistert, und wie war die Gesundheitsversorgung für Kinder damals?

1.Wie bist du mit typischen Kinderkrankheiten oder Verletzungen umgegangen?

2.Wie hast du dafür gesorgt, dass deine Kinder gesund gegessen haben und aktiv geblieben sind?

3.Wie unterschied sich die Gesundheitsversorgung für Kinder damals im Vergleich zu heute?

Ihr Lernen unterstützen

Bildung findet sowohl im Klassenzimmer als auch im Wohnzimmer statt. Wie hast du die Schulerfahrungen deiner Kinder unterstützt, und welche Lernmöglichkeiten hast du außerhalb der Schule geschaffen?

1.Wie engagiert warst du in den Schulerfahrungen deiner Kinder?

2.Wie hast du jedem Kind bei seinen Schulaufgaben geholfen?

3.Was hast du getan, um deinen Kindern außerhalb der Schule beim Lernen zu helfen?

Die Weisheit der Mutterschaft

*Kinder großzuziehen lehrt uns Lektionen, mit denen wir nie gerech-
net hätten. Welche wichtigen Wahrheiten hat dir die Mutterschaft
über das Leben, die Liebe und deine eigenen Stärken offenbart?*

1.Welche wichtigen Lektionen hat dir die Mutterschaft über das
Leben beigebracht?

2.Welchen Erziehungsrat würdest du als besonders wertvoll weit-
ergeben?

3.Was hast du über dich selbst durch die Erfahrung des Kindererzie-
hens entdeckt?

6

Das Leben in voller Blüte

Die mittleren Jahre bringen sowohl Erfüllung als auch Herausforderungen mit sich, während die Kinder aufwachsen, sich Karrieren weiterentwickeln und die persönliche Identität sich vertieft. Was hat deine Tage gefüllt, als unsere Eltern groß wurden? Wir möchten wissen, wie du alles unter einen Hut gebracht hast und was diese Jahre besonders gemacht hat.

Verbindungen in der Gemeinschaft

Das Leben geht über unsere Haustüren hinaus in Nachbarschaften und Gemeinschaften, in denen wir sowohl geben als auch empfangen. Welche Aktivitäten, Organisationen oder Anliegen wurden wichtig für dich, während deine Familie wuchs?

1.An welchen Gemeinschaftsaktivitäten oder Organisationen hast du in deinen mittleren Jahren teilgenommen?

2.Welche ehrenamtlichen Arbeiten oder bürgerlichen Aufgaben hast du übernommen?

3.Was hat dich motiviert, dich für diese Gemeinschaftsprojekte einzusetzen?

Beständige Freundschaften

Wahre Freundschaften passen sich an und wachsen mit, während sich unser Leben verändert. Welche Freunde haben dich durch die Kapitel deines Lebens begleitet, und wie hast du diese wichtigen Verbindungen in deinen geschäftigen Jahren gepflegt?

1.Welche Freundschaften blieben während deines Erwachsenenlebens besonders wichtig?

2.Wie hast du bedeutungsvolle Verbindungen in deinen geschäftigen Jahren aufrechterhalten?

3.Welche neuen Freundschaften sind in deinen mittleren Jahren entstanden?

Körper und Geist

Unsere Beziehung zu unserem Körper verändert sich oft im Laufe des Lebens. Wie hat sich dein Ansatz zu Gesundheit und Wohlbefinden über die Jahre entwickelt, und welche Gewohnheiten haben dir geholfen, gesund zu bleiben?

1.Wie hat sich dein Umgang mit Gesundheit und Wohlbefinden in deinen mittleren Jahren verändert?

2.Mit welchen gesundheitlichen Herausforderungen warst du konfrontiert, und wie bist du damit umgegangen?

3.Was hat dir geholfen, gesund und voller Energie zu bleiben?

Finanzielle Kapitel

Die mittleren Jahre bringen einzigartige finanzielle Überlegungen mit sich, von Studienkosten bis hin zur Altersvorsorge. Welche wichtigen finanziellen Entscheidungen musstest du treffen, und wie hast du die Zukunft deiner Familie abgesichert?

1.Welche finanziellen Ziele waren in deinen mittleren Jahren besonders wichtig?

2.Wie bist du mit größeren Ausgaben oder finanziellen Entscheidungen umgegangen?

3.Welche Ansätze zum Sparen oder Investieren hast du verfolgt?

Ein ruhiges Haus

Wenn die Kinder anfangen, das Zuhause zu verlassen, beginnt für Eltern eine neue Lebensphase. Wie haben sich dein Haushalt und deine täglichen Rhythmen verändert, als deine Kinder unabhängiger wurden, und welche Herausforderungen oder Chancen brachte dieser Übergang mit sich?

1.Wie hat sich dein Haushalt verändert, als deine Kinder unabhängiger wurden?

2.Welche neuen Aktivitäten oder Interessen hast du verfolgt, als die Kinder erwachsen wurden?

3.Wie hat sich deine Beziehung zu deinen erwachsenen Kindern in dieser Übergangszeit entwickelt?

7

Omas Krone

*Was gefällt dir am meisten daran, unsere Oma zu sein?
Wir lieben die besondere Art, wie du uns liebst – erzähl
uns, wie es dein Leben verändert hat, Oma zu werden,
und was unsere gemeinsame Zeit so magisch macht.*

Nachricht von den Enkeln

Zu erfahren, dass du Oma wirst, bringt eine Welle ganz neuer Gefühle mit sich. Wie hast du zum ersten Mal die aufregende Nachricht erfahren, dass du Oma wirst, und welche Emotionen haben dich in diesem besonderen Moment durchströmt?

1.Wie hast du zum ersten Mal erfahren, dass du Oma wirst?

2.Was ging dir durch den Kopf, als du die Nachricht gehört hast?

3.Wie hast du dich auf die Ankunft deines ersten Enkelkindes vorbereitet?

Erstes Hallo

Ein Enkelkind zum ersten Mal zu treffen, ist pure Magie. Erzähl uns von dem Moment, als du jedes deiner Enkelkinder zum ersten Mal gehalten hast, und wie sich diese kostbaren ersten Begegnungen angefühlt haben.

1. Wo und wann hast du jedes deiner Enkelkinder zum ersten Mal getroffen?

2. Was erinnerst du daran, jedes Enkelkind zum ersten Mal zu halten?

3. Wie bald nach der Geburt konntest du jedes Enkelkind treffen?

Oma-Namen

Die Namen, die Enkelkinder uns geben, werden zu liebevollen Ko-
senamen. Wie nennen dich deine Enkelkinder, und wie ist dieser be-
sondere Name entstanden?

1.Wie nennen dich deine Enkelkinder, und wie wurde dieser Name
ausgewählt?

2.Hattest du eine Vorstellung davon, wie du als Oma genannt
werden wolltest?

3.Haben verschiedene Enkelkinder unterschiedliche Namen für dich?

Besondere Traditionen

Jede Oma und jedes Enkelkind haben ihre ganz eigenen Verbindungen. Welche besonderen Aktivitäten oder Traditionen hast du mit deinen Enkelkindern geschaffen, auf die sie sich immer freuen, wenn sie dich sehen?

1. Welche besonderen Aktivitäten oder Traditionen hast du mit deinen Enkelkindern etabliert?

2. Welche Speisen oder Leckereien sind mit Besuchen bei dir verbunden?

3. Welche Spiele oder Aktivitäten wünschen sich deine Enkelkinder besonders, wenn sie dich sehen?

Ihnen beim Wachsen zusehen

Zu sehen, wie Enkelkinder heranwachsen, ist vielleicht das größte Geschenk des Lebens. Wie war es für dich, deine Enkelkinder wachsen und sich verändern zu sehen, und welche Phasen haben dir am meisten Freude bereitet?

1.Welche Meilensteine oder Erfolge deiner Enkelkinder hast du miterlebt?

2.Welche besonderen Talente hast du bei deinen Enkelkindern entdeckt?

3.Welches Alter hat dir am meisten Freude bereitet, sie heranwachsen zu sehen?

8

Herzensfreuden

*Was bringt dich zum Lächeln, wenn niemand zuschaut,
Oma? Wir möchten mehr über deine Lieblingsbücher,
Musik, Hobbys und verborgenen Talente erfahren –
all die Dinge, die dich ausmachen, über das Oma-Sein
hinaus.*

Kreative Projekte

Erinnerst du dich an die ruhigen Nachmittage, an denen deine Hände etwas Schönes geschaffen haben? Deine kreativen Projekte erzählten Geschichten von Liebe und Geduld. Lass uns diese wertvollen Erinnerungen an handgemachte Schätze entdecken...

1.Welche handwerkliche Tätigkeit fandest du am entspannendsten oder wohltuendsten?

2.Was ist das Lieblingsstück, das du jemals mit deinen Händen gemacht hast?

3.Gab es ein selbstgemachtes Geschenk, auf das du besonders stolz warst?

Verbindung zur Natur

Die Natur schenkt uns eine besondere Art von Frieden und Staunen. Welche Outdoor-Aktivitäten hast du in deinem Leben am meisten genossen, und welche Naturorte haben einen bleibenden Eindruck in deinem Herzen hinterlassen?

1.Welche Outdoor-Aktivitäten oder natürlichen Umgebungen hast du am meisten genossen?

2.Wie hast du über die Jahre Zeit draußen verbracht?

3.Was war der schönste Ort in der Natur, den du je besucht hast, und was hat ihn besonders gemacht?

Im Garten

Es ist etwas Magisches, aus kleinen Samen Leben hervorzubringen und einen Garten wachsen zu sehen. Welche Erfahrungen hast du mit Pflanzen und Gärten gemacht, und was hat dir an deinen Gartenerlebnissen am meisten Freude bereitet?

1.Welche Pflanze hast du als erstes erfolgreich gezogen?

2.Hast du Gemüse angebaut? Welche waren die Favoriten deiner Familie?

3.Hattest du spezielle Gartentipps, die dir weitergegeben wurden?

Küchenerinnerungen

Einige der schönsten Momente im Leben entstehen beim Zubereiten von Köstlichkeiten in der Küche. Welche Kochtraditionen oder Rezepte waren dir wichtig, und welche Gerichte wurden zu deinen Markenzeichen?

1. Hattest du ein besonderes Gericht, das immer wieder gewünscht wurde?

2. Wer hat dir deine wertvollsten Kochgeheimnisse beigebracht?

3. Was war das ungewöhnlichste Gericht, das du je gekocht hast?

Freude sammeln

Die Dinge, die wir sammeln, erzählen oft Geschichten darüber, was uns Freude bereitet. Hast du im Laufe der Jahre etwas Besonderes gesammelt, und wie sind diese Schätze in dein Leben gekommen?

1.Welche Gegenstände oder Dinge hast du im Laufe der Jahre gesammelt?

2.Wie hast du mit deiner Sammlung begonnen, und wie hat sie sich entwickelt?

3.Welche Stücke in deiner Sammlung sind dir besonders wichtig, und warum?

Lesefreude

Bücher öffnen Türen zu unzähligen Welten und Ideen. Welche Arten von Büchern hast du in verschiedenen Kapiteln deines Lebens genossen, und welche Geschichten oder Autor*innen haben dir besonders viel bedeutet?

1.Welche Arten von Büchern oder Lesematerialien hast du gerne gelesen?

2.Wer hat deine Lesegewohnheiten beeinflusst oder dich auf wichtige Bücher aufmerksam gemacht?

3.Welche Titel oder Autor*innen waren für dich besonders bedeutend?

Filmzauber

Filme schaffen gemeinsame Erlebnisse und bleibende Erinnerungen. Welche Filme waren dir im Laufe der Jahre wichtig, und welche besonderen Filmmomente sind dir in Erinnerung geblieben?

1.Hattest du einen Lieblingsfilmstar, den du bewundert hast?

2.Welcher Film hat dich am meisten zum Lachen gebracht?

3.Was war das unvergesslichste Filmerlebnis, das du hattest?

Musikalische Noten

Musik berührt etwas Tiefes in unserer Seele. Welche Lieder, Künstler*innen oder Musikerlebnisse haben den Soundtrack zu den bedeutendsten Momenten in deinem Leben geliefert?

1.Welche Art von Musik genießt du heute? Haben sich deine Vorlieben im Laufe der Jahre verändert?

2.Hattest du einen Lieblingssänger, eine Lieblingsband oder einen Lieblingsmusiker?

3.Gab es Lieder, die in wichtigen Momenten deines Lebens eine besondere Bedeutung hatten?

Aktiv bleiben

Sich zu bewegen verbindet uns mit der Lebenskraft des Lebens. Welche körperlichen Aktivitäten hast du in deinem Leben genossen, und wie haben sie sich im Laufe der Jahre verändert?

1.Welche Aktivität lässt dich am lebendigsten fühlen?

2.Was ist dein Geheimnis, um flexibel und stark zu bleiben?

3.Hast du jemals ungewöhnliche Fitnesstrends ausprobiert?

Reisegeschichten

Neue Orte zu erkunden erweitert unseren Horizont auf ganz besondere Weise. Welche Reisen hast du unternommen, die bleibenden Eindruck hinterlassen haben, und welche Ziele tragen die schönsten Erinnerungen?

1. Welche unvergesslichen Reisen oder Ausflüge hast du gemacht?

2. Welche Orte hast du besonders gerne besucht, und was hat sie so besonders gemacht?

3. Welche Souvenirs oder Traditionen hast du von deinen Reisen mitgebracht?

Freuden allein

Manchmal sind die erfrischendsten Aktivitäten die, die wir allein genießen. Welche Beschäftigungen haben dir im Laufe deines Lebens Frieden, Freude oder neue Energie geschenkt?

1.Welche Aktivitäten hast du gerne allein gemacht?

2.Wie hast du dir Zeit für dich genommen, wenn das Leben geschäftig war?

3.Welche solo Aktivitäten helfen dir, dich zu entspannen oder neue Kraft zu schöpfen?

9

Weisheit und Träume

Oma, nach all deinen Abenteuern und Erfahrungen hast du Schätze gesammelt, die kostbarer sind als Gold. Teile die Weisheit, die du auf deiner Reise gesammelt hast, und die Hoffnungen, die du für unsere Zukunft in deinem Herzen trägst.

Leitende Werte

Im Laufe deines Lebens haben bestimmte Prinzipien wie Sterne am Nachthimmel deine Entscheidungen und Handlungen geleitet. Welche Grundwerte waren auf deiner Reise am wichtigsten?

1.Was ist die wichtigste Lebenslektion, an die sich deine Familie erinnern soll?

2.Welche Werte deiner Eltern hast du besonders stark übernommen?

3.Welches Prinzip oder welcher Glaube hat dir den meisten Frieden gebracht?

Beziehungsweisheit

Die Verbindungen, die wir zu anderen Menschen aufbauen, schaffen den wahren Reichtum unseres Lebens. Was hast du im Laufe der Jahre darüber gelernt, Beziehungen zu pflegen?

1. Was hast du darüber gelernt, starke Familienbeziehungen aufrechtzuerhalten?

2. Wie bist du mit Meinungsverschiedenheiten mit geliebten Menschen umgegangen?

3. Welche Eigenschaften sind deiner Meinung nach in engen Beziehungen am wichtigsten?

Lektionen aus Herausforderungen

Die Schwierigkeiten des Lebens werden oft zu unseren größten Lehrern. Welche herausfordernden Erfahrungen haben dir die wertvollsten Lektionen beigebracht, und wie hast du schwierige Zeiten gemeistert?

1. Welche schwierigen Erfahrungen haben dir die wichtigsten Lektionen beigebracht?

2. Wie hast du dich nach bedeutenden Rückschlägen erholt oder neu aufgebaut?

3. Welche unerwarteten Stärken hast du in schwierigen Zeiten an dir entdeckt?

Überraschungen des Lebens

Die Reise des Lebens nimmt oft unerwartete Wendungen. Welche Aspekte deines Lebens haben sich anders entwickelt, als du es dir früher vorgestellt hast, und welche Freuden hast du an Orten ge-funden, an denen du sie nie erwartet hättest?

1. Was ist etwas in deinem Leben, das anders verlaufen ist, als du es dir vorgestellt hast?

2. Welche Einsichten über die menschliche Natur haben dich im Laufe der Jahre überrascht?

3. Was hat dir auf unerwartete Weise Freude bereitet?

Unerzählte Geschichten

Manche der wertvollsten Familiengeschichten sind die, die selten geteilt werden. Gibt es Erfahrungen oder Erinnerungen aus deinem Leben, die du uns bisher noch nicht erzählt hast?

1.Welche Familiengeschichten oder -geschichten könnten verloren gehen, wenn sie jetzt nicht geteilt werden?

2.Gibt es ein Familienerbstück mit einer besonderen Geschichte?

3.Welches Familiengeheimnis würdest du gerne lösen?

Gesundheit und Glück

Das Wohlbefinden aufrechtzuerhalten, erfordert Weisheit, die über viele Jahre gesammelt wurde. Welche Praktiken oder Ansätze haben dir geholfen, gesund an Körper, Geist und Seele zu bleiben?

1. Was ist dein Geheimnis, um gesund zu bleiben?

2. Was hilft dir, glücklich und positiv zu bleiben?

3. Wie bist du in verschiedenen Lebensphasen mit Stress umgegangen?

Träume für die Zukunft

Das Leben entfaltet sich in jedem Alter mit neuen Möglichkeiten. Welche Träume oder Ziele möchtest du noch verfolgen, und welche Erfahrungen würden dir weiterhin Freude bereiten?

1.Welche Ziele oder Träume möchtest du noch verwirklichen?

2.Gibt es einen Ort, den du noch erkunden möchtest?

3.Womit würdest du dich gerne selbst überraschen?

Hoffnungen für morgen

Jede Generation baut auf dem Fundament auf, das die vorherigen gelegt haben. Welche Hoffnungen hast du für deine Enkelkinder und die Generationen, die nach ihnen kommen?

1.Was wünschst du dir für die Zukunft deiner Enkelkinder?

2.Welchen Rat würdest du zukünftigen Generationen geben, damit sie ein erfülltes Leben aufbauen können?

3.Welche Veränderungen in der Welt würdest du dir für das Leben deiner Nachkommen wünschen?

Weitere Geschichten zum Festhalten

Jeder Elternteil und jede Großeltern trägt einen Schatz an Erinnerungen in sich, der darauf wartet, geteilt zu werden. Unsere liebevoll gestalteten Erinnerungsbücher helfen dabei, diese wertvollen Geschichten festzuhalten, bevor sie mit der Zeit verblassen.

Unsere Familiengeschichten-Serie

Papa-Geschichte Mama-Geschichte Opa-Geschichte Oma-Geschichte

Erhältlich bei:

- Amazon

- Führenden Online-Buchhändlern

Schenke ein Geschenk, das mit der Zeit immer wertvoller wird – denn jede Familiengeschichte verdient es, erzählt, geteilt und bewahrt zu werden.

www.ingramcontent.com/pod-product-compliance
Lightning Source LLC
Chambersburg PA
CBHW051327120626
46547CB00015B/2436